SPANISH
Words to Know

METHUEN

ILLUSTRATIONS BY MIKE MOSEDALE

First published in 1985 by
Methuen & Co. Ltd
11 New Fetter Lane, London EC4P 4EE

© *1985 Hugh Hetherington*

Typeset by Rowland Phototypesetting Ltd
Bury St Edmunds, Suffolk
Printed in Great Britain by
Richard Clay (The Chaucer Press) Ltd
Bungay, Suffolk

British Library Cataloguing in Publication Data
Hetherington, Hugh
Spanish words to know.
1. Spanish language—Vocabulary
1. Title
468.1   PC4445

ISBN 0-416-42060-5 Pbk: (net)
ISBN 0-423-51390-7 Pbk: (non-net)

CONTENTS

Note: Stem changes, which occur in certain Spanish verbs, are indicated in brackets.

Knowledge of essential vocabulary remains a *sine qua non* of learning a foreign language. The idea behind *Spanish Words to Know* has been to produce a vocabulary and phrase book which will meet the needs of school and college students preparing for examinations as well as catering for the traveller and the self-taught. In devising it, I hoped first to avoid the shortcomings of other such books which are often dauntingly long, badly designed and presented, with too many sections and unnecessary words or phrases. A further aim was to keep abreast of the new testing and examination procedures with their emphasis on communication and the 'topical' approach.

The fundamental pre-requisites for successful foreign language acquisition are that the learner should be motivated (an axiom too often ignored or wished away) and that the teacher, if one is involved, should be flexible and resourceful. This book aims to supplement these basic requirements and to provide a compact but comprehensive vocabulary in twenty clear sections.

The book should prove invaluable for work towards the G.C.S.E. Examinations and the Graded Tests for which topic-oriented preparation supersedes the traditional structural approach. The topics in this book can be directly related to those used by most examination boards. As revision for specific parts of examinations, such as reading comprehension, picture composition, guided composition and the oral, *Spanish Words to Know* will be particularly useful. Finally, for those wishing to teach themselves the language or use it for travel, this book may be dipped into or used extensively, according to the needs of the individual learner.

My thanks are due to my wife Lyn and to Patsy Ford for their help towards the production of this book and to Pilar Bagües and Conchita Johnson for their valuable suggestions and advice.

Hugh Hetherington 1985

el cuerpo	body
la cabeza	head
el ojo	eye
el párpado	eyelid
la ceja	eyebrow
la cara / el rostro	face
la nariz	nose
el pelo / los cabellos	hair
moreno	dark
rubio	fair
la mejilla	cheek
el bigote	moustache
la barba	beard
la frente	forehead

la boca	mouth
el diente	tooth
la lengua	tongue
el labio	lip
la barba / el mentón	chin
la oreja	ear
el aliento	breath
la garganta	throat
el cuello	neck
la voz	voice
la tos	cough
el resfriado	cold
la gripe	'flu

el pecho	chest
el seno	breast
el pulmón	lung
el corazón	heart
el vientre } **el estómago** }	stomach
el hombro	shoulder
el brazo	arm
la mano	hand
el codo	elbow
la muñeca	wrist
el dedo	finger
la(s) espalda(s)	back
la pierna	leg
la rodilla	knee
el pie	foot
el talón	heel

la sangre	blood
el sudor	sweat
el hueso	bone
la piel	skin
la uña	nail
el peso	weight
bien/enfermo	well/ill
la enfermedad	illness
ciego	blind
sordo	deaf
calvo	bald
pesado/ligero	heavy/light
gordo/delgado	fat/thin
grande/pequeño	big/small

el dolor	pain
el dolor de cabeza	headache
doler (ue) a	to give pain to, to hurt
me duele la cabeza	I've got a headache
me duelen las piernas	my legs hurt
tener calor	to be warm
tener frío	to be cold
herido	hurt, injured, wounded
muerto	dead

la ropa	clothing, clothes
el sombrero	hat
la gorra	cap
la boina	beret
la camisa	shirt
la corbata	tie
el vestido	dress
la blusa	blouse
la falda	skirt
los vaqueros ⎫ los tejanos ⎭	jeans
los pantalones	trousers
la chaqueta	jacket
el jersey	jersey, sweater
el abrigo	coat

la ropa interior	underclothes
la enagua ⎫ las enaguas ⎭	petticoat
la combinación	slip
las bragas	knickers
el sostén	bra
las medias	stockings
los pantis	tights
los calzoncillos	underpants
la camiseta	vest, T-shirt
los calcetines	socks
el uniforme	uniform
el bolsillo	pocket
el traje	suit
el zapato	shoe
la zapatilla	slipper
la bota	boot

el cuello	collar
la manga	sleeve
el cinturón	belt
la cinta	ribbon, band
la bufanda	scarf
el guante	glove
el pañuelo	handkerchief
la bata	dressing-gown, housecoat
el pijama	pyjamas
el camisón	nightdress
el delantal	apron
el collar	necklace
los pendientes	earrings
la sortija ⎱ el anillo ⎰	ring
el traje de noche	evening dress

vestirse (i)	to dress
llevar ⎱ vestir (i) ⎰	to wear
desnudarse	to undress
quitarse	to take off
ponerse	to put on
probarse	to try on
atar	to tie
desatar ⎱ soltar (ue) ⎰	to untie
abrochar	to do up
desabrochar	to undo

13

coser	to sew
hacer punto	to knit
el género	cloth, material
el género de punto	knitwear
la lana	wool
el algodón	cotton
la seda	silk
las tijeras	scissors
la aguja	needle

la familia	family
los padres	parents
los parientes	relatives
el marido	husband
la mujer ⎫ la esposa ⎭	wife
el padre	father
Papá	Dad, Daddy
la madre	mother
Mamá	Mum, Mummy
el hombre	man
la mujer	woman
el señor	gentleman
la señora	lady
señorita	young lady

el muchacho ⎫ el chico ⎭	boy
la muchacha ⎫ la chica ⎭	girl
el hijo	son
la hija	daughter
el hermano	brother
la hermana	sister
el niño/la niña	child
el bebé, el ⎫ nene/la nena ⎭	baby
el hermano mayor	older brother
el abuelo	grandfather
la abuela	grandmother
el nieto	grandson
la nieta	granddaughter

el tío	uncle
la tía	aunt
el sobrino	nephew
la sobrina	niece
el prima/la prima	cousin
el suegro	father-in-law
la suegra	mother-in-law
el yerno	
el hijo político	son-in-law
la nuera	daughter-in-law
el novio	boyfriend, fiancé
la novia	girlfriend, fiancée
el soltero	single man, bachelor
la soltera	single woman
el amigo/la amiga	friend

el parentesco	relationship
la vida	life
la muerte	death
la juventud	youth
la vejez	old age
el matrimonio	marriage
la boda	wedding
casarse (con)	to marry
el nacimiento	birth
el cumpleaños	birthday
los gemelos	twins
el viudo	widower
la viuda	widow
el huérfano/ la huérfana	orphan
el divorcio	divorce

¿Cuántos años tiene usted?	How old are you?
¿Cuántos años tienes?	
Tengo . . . años	I am . . .
Tiene . . . años	He is . . .
viejo	old
joven	young
vivir	to live
morir (ue/u)	to die
nacer (zc)	to be born

el piso	flat, floor (level)
la planta baja	ground floor
el primer piso	first floor
el segundo piso	second floor
el tercer piso	third floor
la casa	house
la dirección	address
el hogar	home
el cuarto	room
el salón, la sala ⎱	sitting-room,
el cuarto de estar ⎰	living-room
el comedor	dining-room

los muebles	furniture
la silla	chair
el sillón ⎱	armchair
la butaca ⎰	
la mesa	table
la pared	wall
el suelo	floor
el techo	ceiling, roof
el tejado	roof

la puerta	door
la ventana	window
la alfombra	carpet
las cortinas	curtains
la persiana	(sun) blind
la contraventana	shutter
el cuadro	picture
el armario	cupboard
la luz	light
la lámpara	lamp
la calefacción central	central heating

el pasillo	corridor, hallway
la escalera	stairs
la alcoba el dormitorio	bedroom
la cama	bed
la manta	blanket
la sábana	sheet
la cómoda	chest of drawers
el espejo	mirror
el cajón	drawer
la mesa de noche	bedside table

el cuarto de baño	bathroom
el baño	bath
la bañera	bath tub
la ducha	shower
la toalla	towel
el jabón	soap
la pasta de dientes	toothpaste
el cepillo (de dientes)	(tooth) brush
el peine	comb
la hoja de afeitar	razor blade
la navaja la máquina de afeitar	razor

la cocina	kitchen
el horno	oven
el fogón	stove, range
la sartén	frying pan
el cazo la cacerola	saucepan
la fuente	dish
el plato	plate
la taza	cup

el cuchillo	knife
el tenedor	fork
la cuchara	spoon
el vaso	glass
la botella	bottle
el corcho } el tapón }	cork

el desván	attic
la llave	key
cerrar (ie)	to close
el tirador	handle
el timbre	door bell
el jardín	garden
el patio	patio, courtyard
el cristal	glass
la madera	wood
el ladrillo	brick
la arena	sand

la propiedad	property
alquilar	to let, rent
en casa	at home
volver (ue) a casa	to return home
la mudanza	move, removal
mudarse	to move house
vecino	neighbouring
el vecino	neighbour

la ciudad	town, city
el pueblo	small town
el peatón	pedestrian
el transeunte	passer-by
el policía ⎫ el guardia ⎭	policeman
el coche	car
el camión	lorry
la bicicleta	bicycle
la motocicleta	motorcycle
la gente	people
la muchedumbre	crowd
la esquina	corner
el barrio	district, quarter
las afueras	outskirts
los alrededores	surroundings

el ruido	noise
el humo	smoke
la velocidad ⎫ la prisa ⎭	speed
el patio	courtyard
la calle	street
la callejuela	side street
la avenida	avenue
la carretera	main road
el camino	track, way
la acera	pavement
la plaza	square
el cartel	poster, placard
el letrero	notice, sign
los semáforos	traffic lights

la tienda	shop
el supermercado	supermarket
la tienda de ultramarinos la tienda de comestibles	grocer's, general store
correos	post office
el estanco	tobacconist's
la carnicería	butcher's
la panadería	baker's
la pescadería	fishmonger's
la zapatería	shoe shop
la farmacia	chemist's
el mercado	market
el puesto	stall
el almacén	big store, warehouse

ir de compras	to go shopping
comprar	to buy
vender	to sell
pagar	to pay (for)
caro	clear
barato	cheap
la rebaja	discount, reduction
el escaparate	shop window
la canastilla	wire basket
el carrito	trolley
la lata	tin
el sobrecito	small packet
el cajero/la cajera	cashier
el aparcamiento	car park
el parque	park
la parada	bus stop
la estación de servicio	service station

el edificio	building
el hotel	hotel
la pensión ⎱	boarding house,
el hostal ⎰	small hotel
el hospital	hospital
el ayuntamiento	Town Hall
la iglesia	church
la biblioteca	library
el cine	cinema
el buzón	post box
el banco	bank
los servicios	public toilets
el aseo	toilet (restaurant, etc.)
la piscina	swimming pool
la playa	beach
la oficina de turismo	tourist office
la estación	station

el museo	museum
la fábrica	factory
el taller	workshop, repair shop
la catedral	cathedral
¿Dónde está . . .?	Where is . . .?
cerca de	near
lejos de	far from
al lado de	beside
detrás de	behind
delante de	in front of
enfrente de	opposite
al final de	at the end of
todo derecho ⎱	straight on, ahead
todo recto ⎰	
a la derecha	on the right
a la izquierda	on the left
¿ Hay un/una . . . por aquí?	Is there a . . . near here?

26

aparcar	to park
andar	to walk
pasearse **dar un paseo**	to go for a walk
conducir (zc)	to drive
cruzar **atravesar (ie)**	to cross
dar vuelta	to turn
doblar la esquina	to turn the corner
el cuerpo de bomberos **los bomberos**	fire brigade
la comisaría	police station

el reloj	clock, watch
¿ Qué hora es?	What time is it?
Es la una	It's one o'clock
Son las dos	It's two o'clock
Son las tres y media	It's 3.30
Son las cuatro menos cinco	It's five to four
Son las cinco y diez	It's ten past five
Son las seis y cuarto	It's a quarter past six
Son las siete en punto	It's exactly seven
Son las ocho de la mañana	It's 8 am
a eso de las nueve ⎫ sobre las nueve ⎭	about nine
más o menos	more or less

la madrugada	early morning
la mañana	morning
el mediodía	midday
la medianoche	midnight
la tarde	afternoon, evening
la noche	night
por la mañana	in the morning
temprano	early
tarde	late
el segundo	second
el minuto	minute
la hora	hour
el día	day
la semana	week
quince días ⎫ la quincera ⎭	fortnight
el mes	month
el año	year

¿ Qué fecha es? ¿ A cuántos estamos?	What is the date?
enero, febrero	January, February
marzo, abril,	March, April
mayo, junio	May, June
julio, agosto	July, August
setiembre	September
octubre	October
noviembre	November
diciembre	December
el dos de setiembre	2nd of September
el primero de abril	1st of April

¡ Felices Pascuas!	Happy Christmas!
Navidad	Christmas
Noche Vieja	New Year's Eve
el día de Año Nuevo	New Year's Day
el Viernes Santo	Good Friday
el día de Pascua	Easter Day
la Semana Santa	Easter(tide)
la fiesta	public holiday, festival
el siglo	century

domingo, lunes	Sunday, Monday
martes, miércoles	Tuesday, Wednesday
jueves, viernes	Thursday, Friday
sábado	Saturday
la primavera	spring
el verano el estío	summer
el otoño	autumn
el invierno	winter
el cumpleaños	birthday
la estación	season

29

la temporada	while, period of time
el rato	moment, while
la época	time, period, epoch
la edad	age

hoy	today
ayer	yesterday
anteayer	day before yesterday
mañana	tomorrow
mañana por la mañana	tomorrow morning
anoche	last night
esta noche	tonight
a la mañana siguiente	the next morning
al día siguiente al próximo día	the next day
próximo	next
la semana que viene	next week
la semana pasada	last week
el año pasado	last year
los fines de semana	at weekends

más tarde	later
a menudo muchas veces	often
a veces	at times
poco después	a little later
poco a poco	gradually
a tiempo	on time
dentro de unas horas	within a few hours
de vez en cuando	from time to time
después	then, afterwards
luego entonces	then
en este momento	right now

actualmente	at the present time
hace poco	a short time ago
hace cuatro años	four years ago
en seguida	at once, right away
ahora mismo	right away, right now

¿ Cuándo? ¿ A qué hora?	When?
a principios de	at the beginning of
a fines de	at the end of
la salida del sol	sunrise
la puesta del sol	sunset
la vida	life
la cita	appointment, date
el crepúsculo	twilight
todos los días	every day
hoy día	these days
amanecer (zc)	to dawn
anochecer	to get dark

el número	number
uno, dos, tres, cuatro	1, 2, 3, 4
cinco, seis, siete	5, 6, 7
ocho, nueve, diez	8, 9, 10
once, doce, trece	11, 12, 13
catorce, quince	14, 15
dieciséis, diecisiete	16, 17
dieciocho, diecinueve	18, 19
veinte	20
veintiuno	21
veintidós	22
treinta	30
treinta y uno	31
cuarenta	40

31

cincuenta	50
sesenta, setenta	60, 70
ochenta, noventa	80, 90
cien	100

ciento uno	101
ciento dos	102
doscientos, trescientos	200, 300
cuatrocientos	400
quinientos	500
seiscientos	600
setecientos	700
ochocientos	800
novecientos	900
mil	1000
mil novecientos ochenta y cinco	1985
quinientas pesetas	500 pesetas

primer(o), segundo	first, second
tercer(o), cuarto	third, fourth
quinto, sexto	fifth, sixth
séptimo, octavo	seventh, eighth
noveno / nono	ninth
décimo	tenth
undécimo	eleventh
duodécimo	twelfth

el mundo	the world
el tiempo	the weather
¿ Qué tiempo hace?	What's the weather like?
hace buen tiempo	it's fine
hace mal tiempo	it's bad weather
hace sol	it's sunny
hace calor	it's warm, hot
hace frío	it's cold
hace viento	it's windy
hace fresco	it's cool
nieva	it's snowing
llueve	it's raining
hay neblina/niebla	it's foggy

la helada	ice
la escharcha	frost
el trueno	thunder
la bruma	mist
el relámpago	lightning
la borrasca / **la tormenta**	storm
la sombra	shade
la oscuridad	darkness
oscuro	dark
claro	bright, clear
seco	dry
húmedo	wet, damp
mojado	soaking wet
fresco	fresh, cool
la gota	drop

el polvo	dust
el lodo	mud
hay polvo/lodo	it's dusty/muddy
el lugar	place
la tierra	land, earth
el sol	sun
el aire	air
el viento	wind
la lluvia	rain
la nieve	snow
la luna	moon
la estrella	star
el cielo	sky
el país	country
la provincia	province
la región	region

la hierba	grass
el césped	lawn
la flor	flower
la rosa	rose
el clavel	carnation
la margarita	daisy
el geranio	geranium
el árbol	tree
la hiedra	ivy
el roble	oak
la encina	holm oak
el castaño	chestnut
el olmo	elm
el haya	beech
el sitio	place, spot
hay sitio	there is room

España, español	Spain, Spanish
la Gran Bretaña	Great Britain
británico	British
Inglaterra, inglés	England, English
el País de Gales, galés	Wales, Welsh
Escocia, escocés	Scotland, Scottish
Irlanda, irlandés	Ireland, Irish
Alemania, alemán	Germany, German
Italia, italiano	Italy, Italian
Suiza, suizo	Switzerland, Swiss
Grecia, griego	Greece, Greek
Rusia, ruso	Russia, Russian
Suecia, sueco	Sweden, Swedish
la América del Sur ⎫ Sudamérica ⎭	South America
sudaméricano	South American
los Estados Unidos	United States
Londres	London

el trabajo	work
trabajar	to work
el obrero	worker, workman
el jefe	boss, chief
el gerente	manager
el empleado	employer
el puesto	post, job
el artesano	artisan, craftsman
la huelga	strike
ponerse en huelga declararse en huelga	to go on strike
aplicado	hard-working
holgazán perezoso	lazy
poner un negocio	to set up a business
el taller	workshop
el comerciante	dealer
el hombre de negocios	businessman

ganar cobrar	to earn
el dinero	money
el sueldo	pay, salary, wages
robar	to steal, rob
el ladrón	thief, robber
el dueño	owner
el vendedor	salesman
la oficina el despacho	office
la empresa la casa de comercio	firm
las Cortes	Spanish Parliament
el diputado	M.P.
el rey/la reina	king/queen

el abogado	lawyer
el juez	judge
el artista	artist
el médico	doctor
la enfermera	nurse
el dentista	dentist
el dependiente/	clerk, shop assistant
la dependienta (f)	
el camarero	writer
el pintor	painter
el arquitecto	architect
el actor/la actriz	actor/actress
el cura	priest
el profesor	teacher, professor
el periodista	journalist
el criado	servant
la criada	maid

el constructor	builder
el contratista	
el capataz	foreman
el torero	bullfighter
la corrida de toros	bullfight
el músico	musician
el campesino	peasant
el granjero	farmer
el labriego	farm worker
el mozo	porter
el soldado	soldier
el marinero	sailor
el mendigo	beggar
la mecanógrafa	typist

la escuela	school
el colegio	school, college
el instituto	secondary school
enseñar	to teach
aprender	to learn
el estudiante	student
el alumno	pupil
estudiar	to study
el pupitre	desk
la tiza	chalk
la pizarra	blackboard
el ejercicio	excercise
el lápiz	pencil
el cuaderno	notebook
el bolígrafo	pen, biro
la lección	lesson
la nota	mark, note

la prueba	test
la asignatura	subject
los idiomas ⎫ las lenguas ⎭	languages
las matemáticas	maths
la geografía	geography
la física	physics
la ciencia	science
la universidad	university
derecho	law
medicina	medicine
el examen	exam.
el bachillerato	senior school final exam.
presentarse (a)	to sit (an exam.)
ser aprobado	to pass

ser suspendido	to fail
la licentiatura	degree

escribir	to write
leer	to read
cocinar	to cook
barrer	to sweep
aserrar (ie)	to saw
atornillar	to screw
cortar	to cut
cavar	to dig
escribir a máquina	to type
cobrar (un cheque)	to cash (a cheque)
limpiar	to clean
lavar	to wash
fregar (los platos)	to 'do the dishes', wash up
planchar	to iron
el paro	unemployment
los parados	the unemployed
estar en paro	to be unemployed

los deportes	sports
los pasatiempos	pastimes
jugar (ue) a	to play
jugar al fútbol	to play football
ratos perdidos⎱ ratos de ocio ⎰	spare time
tocar	to play
el violín	violin
la guitarra	guitar
el piano	piano
el tambor	drums
la música	music
practicar	to go in for (sport)
ganar	to win
perder (ie)	to lose
marcar	to score

la partida	game (cards, chess, etc)
el partido	game (football, tennis, etc)
el equipo	team
divertirse (ie/i)	to enjoy oneself
el tenis	tennis
la pista de tenis	tennis court
la raqueta	racket
sacar	to serve
el fútbol	football
el defensa	back
el delantero	forward
el gol	goal
tirar	to shoot
el balón	(foot)ball
la pelota	ball
los juegos	games
el jugador	player

el patinaje	skating
patinar	to skate
el boxeo	boxing
el ajedrez	chess
el juego de naipes/ cartas	card game
dar	to deal
la fotografía	photography
sacar una foto	to take a photo
nadar	to swim
la natación	swimming
zambullirse	to dive
el cine	cinema
la película	film
la cola	queue

al aire libre	in the open air
montar a caballo	to go horse-riding
cazar	to hunt
pescar	to fish
la escopeta	gun
la caña	rod
la red	net
el pescador	fisherman
la pesca	fishing
coger	to catch
el golf	golf
el ciclismo	cycling
el atletismo	athletics
el atleta	athlete
entrenar	to train
la carrera	race

coleccionar	to collect
remar	to row
echar ⎫ **lanzar** ⎭	to throw
bailar	to dance
cantar	to sing
el cross	cross-country
correr	to run
la discoteca	disco
dibujar	to draw
pintar	to paint
la televisión	television

las vacaciones	holidays
el viaje	journey
la agencia de viajes	travel agency
viajar	to travel
el extranjero	abroad
ir al extranjero	to go abroad
despedirse (i) de	to say goodbye to
salir de viaje	to set off on a journey
el viajero	traveller
el turista	tourist
ponerse en camino	to set out
la maleta	suitcase
el bolso	bag
veranear	to spend summer
el veraneante	holiday-maker
¡Feliz viaje! ⎫ ¡Buen viaje! ⎭	Have a good trip!
Adiós	Goodbye

hacer las maletas	to pack the case
en dirección a	heading for
conducir (zc)	to drive
recorrer	to travel through
el recorrido	tour
el motor ⎫ la máquina ⎭	engine
el coche ⎫ el automóvil ⎭	car
subir a	to get into
bajar de ⎫ apearse de ⎭	to get out of
cargar	to load
pararse ⎫ detenerse (ie) ⎭	to stop

la autopista	motorway
la gasolina	petrol

el ferrocarril	railway
la estación	station
la vía	track, platform
el andén	platform
el tren	train
la portezuela	door
a bordo	aboard
la ventanilla	window
el departamento	compartment
el coche ⎱ el vagón ⎰	coach, carriage
el coche cama	sleeping car
el coche comedor	dining car
el mozo	porter
a grandes velocidades	at full speed
el billete sencillo	single ticket
el billete de ida y vuelta	return ticket
la RENFE	Spanish Railways
el Talgo	special luxury train

el aeropuerto	airport
el avión	plane
volar (ue)	to fly
la azafata	stewardess
el piloto	pilot
despegar	to take off
aterrizar	to land
el horario	timetable
el retraso	delay
llevar . . . de retraso	to be . . . late

la aduana	customs
el aduanero	customs officer
el pasaporte	passport

dar la bienvenida a	to welcome
¡Bienvenido a . . . !	Welcome to . . . !
aparcar	to park
el hotel	hotel
la pensión	boarding house
reservar	to reserve
reservado	reserved
llegar	to arrive
estar en un hotel . . . días	to stay at a hotel for . . . days
pasar la noche en ⎱ hacer noche en ⎰	to spend the night in
la habitación	hotel room
. . . doble	double
. . . con dos camas	twin bedded
. . . sencilla	single
con/sin baño	with/without bath
la ducha	shower

la llave	key
el ascensor	lift
el/la recepcionista	receptionist
el portero	porter
el gerente	manager
la cuenta	bill
la propina	tip
el dinero	money
el cambio	exchange, bureau de change

coger	to catch
perder	to miss
no hay sitio	there's no room
sitio ocupado	seat taken
apresurarse	to hurry
ir de camping	to go camping
armar la tienda	to put up the tent
alquilar	to rent, hire
el barco	boat
el buque	ship
embarcarse	to embark
desembarcar	to disembark
marearse	to get sea-sick
mareado	sea-sick

el campo	country, field
el paisaje	landscape, countryside
al aire libre	in the open air
el prado	meadow
el valle	valley
la montaña	mountain
la colina	hill
el jardín	garden
el huerto	orchard
el arroyo	stream
el río	river
la ribera	bank, shore
la sierra	ridge, mountain range
la cima } la cumbre }	top, peak, summit

el sitio	place, spot
el lugar	place
la tierra	land, earth
el pedazo de tierra	plot of land
el estanque	pond
el lago	lake
el puente	bridge
el sendero } la senda }	path
el bosque	wood
el árbol	tree
el arbusto	bush
la rama	branch
el cielo	sky
la nube	cloud

la flor	flower
la planta	plant
la hoja	leaf
la hierba	grass
la paja	straw
el heno	hay
el trigo	wheat
la cosecha	harvest
el labrador	farmer
el labriego	farm worker, peasant
el campesino	peasant
la hacienda / la finca	country estate
la granja	farm
el pajar/el granero	barn
la cuadra	stable (horses)
el establo	stable (cows)

el mar	sea
a orillas del mar	at the sea side
la playa	beach
la arena	sand
la ola	wave
el barco	boat
el cubo	bucket
la azada / la pala	spade
la silla de lona / la hamaca	deckchair
la pelota	ball
la concha	shell
la costa	coast
la roca	rock
la bahía	bay
el faro	lighthouse

el muelle	quay
el puerto	port

la marea	tide
alta/baja	high/low
bañarse	to bathe
nadar	to swim
ahogarse	to drown
jugar (ue)	to play
pescar	to fish
el traje de baño / **el bañador**	bathing costume
tomar el sol	to sunbathe
broncearse	to get a tan
hundirse	to sink
divertirse (ie/i)	to enjoy oneself
la gaviota	seagull
el alga	seaweed
el cangrejo	crab

el perro	dog
el gato	cat
el caballo	horse
el burro	donkey
el mulo	mule
la cabra	goat
el cordero	lamb
la oveja	sheep
la vaca	cow
el cerdo / el puerco	pig
la rata	rat
el ratón	mouse
el conejo	rabbit
el toro	bull
la rana	frog

el elefante	elephant
el león	lion
el mono	monkey
el lobo	wolf
el zorro	fox
el oso	bear
el tigre	tiger
la culebra / la serpiente	snake
la cola	tail
la piel/el pelo	skin/fur
la garra / la zarpa	claw
la pata	animal's leg

el gusano	worm
el insecto	insect

la oruga	caterpillar
la mosca	fly
la hormiga	ant
la avispa	wasp
la abeja	bee
la mariposa	butterfly
la araña	spider
el pez	fish
el tiburón	shark
la ballena	whale

el ave (f) el pájaro	bird
la gallina	hen
el pollito	chicken
el pato	duck
el ganso	goose
el pavo	turkey
el águila (f)	eagle
la paloma	dove, pigeon
el cisne	swan

la gaviota	seagull
el petirrojo	robin
la corneja	crow
el papagayo el loro	parrot
el búho el muchuelo	owl
el mirlo	blackbird
el cuervo	raven
el gorrión	sparrow
el ruiseñor	nightingale

el ala *(f)*	wing
el nido	nest
el pico	beak
la pluma	feather
la jaula	cage
volar (ue)	to fly
ladrar	to bark
rugir	to roar
gruñir	to grunt
mugir	to moo
morder	to bite

la comida	food, meal
comer	to eat
el desayuno	breakfast
desayunar (con)	to have breakfast, to breakfast (on)
el almuerzo	lunch
almorzar (ue)	to have lunch
la merienda	afternoon tea
la cena	dinner, supper
cenar	to have dinner
la lista de precios	price list
la carta	
el menú	menu

la ensalada	salad
la sopa	soup
el caldo	consommé
el gazpacho	vegetable soup
el estofado	stew
el plato	dish, course
el aguacate	avocado pear
los mariscos	seafood, shellfish
las cigalas	crayfish, scampi
las gambas	prawns, shrimps
los langostinos	langoustines, prawns
los calamares	squid
el atún	tuna fish
el lenguado	sole
la caballa	mackerel
la merluza	hake
la trucha	trout
el bacalao	cod

el huevo	egg
huevos revueltos	scrambled eggs
el pollo	chicken
el pavo	turkey
el pato	duck
la paloma	pigeon
la carne	meat
carne picada	mince
el bistec ⎱ el filete ⎰	steak
solomillo	sirloin
lomo	rump
filete de lomo	rumpsteak
la chuleta	chop
la costilla	cutlet, rib
la hamburguesa	hamburger

la carne de vaca	beef
cerdo	pork
cordero	lamb
la carne de ternera	veal
el jamón	ham
jamón serrano	smoked ham
guisado	stewed
la salchicha	sausage
los riñones	kidneys
el chorizo	spicy pork sausage
asado	roast
a la parilla ⎱ a la plancha ⎰	grilled
frito	fried
hervido	boiled
muy hecho	well done

la sal	salt
la pimienta	pepper
la mostaza	mustard
el vinagre	vinegar
el bar	bar
el restaurante	restaurant
pinchos y tapas	bar snacks
la galleta	biscuit
el bizcocho	sponge biscuit

el té	tea
el café	coffee
café solo	black coffee
un cortado	coffee with dash of milk
café con leche	white coffee
la taza	cup
el agua	water
beber	to drink
la bebida	drink
el vaso ⎱ la copa ⎰	glass
la caña	(beer) glass
la cerveza	beer
el vino tinto	red wine
el vino blanco	white wine
el vino rosado	rosé wine
el jerez	sherry

la botella	bottle
el tapón ⎱ el corcho ⎰	cork
el sacacorchos	corkscrew

la lata	tin
el tarro	pot, jar
verter (ie)	to pour

en una mesa	at a table
¡Que aproveche!	Enjoy your meal!
el chocolate	chocolate
la cuenta	bill
la bandeja	tray
la barra	the bar (counter)
el taburete	stool
churros	fritters
la leche	milk
el azúcar	sugar
la gaseosa	lemonade
tener hambre	to be hungry
tener sed	to be thirsty

el cuchillo	knife
la cuchara	spoon
el tenedor	fork
el mantel	tablecloth
el camarero	waiter
¿Qué desea?	What would you like?
quiero, quisiera, deme	I'd like
por favor	please
gracias	thank you
muchas gracias	thank you very much
servicio incluido	service included
pedir (i)	to order, ask for
una ración de	a portion of

las patatas	potatoes
patatas fritas	chips
patatas en puré	mashed potatoes
patatas al horno	roast potatoes
patatas cocidas	boiled potatoes
la paella	Spanish rice dish
la tortilla	omelette (Spanish)
las legumbres	vegetables, (rice, lentils, etc)
la verdura	vegetables (greens)
la lechuga	lettuce
las zanahorias	carrots
los nabos	turnips
la mazorca	corn on the cob
la col ⎫ la berza ⎭	cabbage
las espinacas	spinach
los guisantes	peas
las aceitunas	olives

las alubias	beans
las judías	(kidney) beans
las habas	broad beans
las lentejas	lentils
los garbanzos	chick peas
los champiñones ⎫ las setas ⎭	mushrooms
la cebolla	onion
el tomate	tomato
el arroz	rice
los canelones	cannelloni (stuffed pasta)

el postre	dessert
el helado	ice cream
el flán	cream caramel
la fresa	strawberry
la frambuesa	raspberry
la manzana	apple
la naranja	orange
la uva	grape
la ciruela	plum
la piña	pineapple
la pera	pear
el pomelo	grapefruit
el plátano	banana
el limón	lemon
la cereza	cherry
el zumo de fruta	fruit juice

el pastel	cake, pastry, pie
la tarta	tart
la nata	cream
la natilla	custard
el queso	cheese
el pan	bread
la barra	loaf
tostada	toast
la mantequilla	butter
la confitura	jam
el bocadillo	sandwich
la mermelada	marmalade
la miel	honey
el aceite	oil
el ajo	garlic
la salsa	sauce

leer	to read
escribir	to write
dibujar	to draw, sketch
pintar	to paint
el libro	book
la carta	letter
la tarjeta la postal	(post) card
el sello	stamp
la hoja	page, sheet, form
el papel	paper
la página	page
el impreso	(printed) form
firmar	to sign
rellenar	to fill in, up
la palabra	word
la frase	sentence

el recibo	receipt
la receta	recipe
el resguardo	counterfoil, receipt
el giro	postal order
el recado el mensaje	message
la letra	letter
el número	number
el billete	(travel) ticket, banknote
sacar un billete	to buy a ticket
la taquilla	ticket office
la entrada	(entrance) ticket
la carpeta	folder, file
el cuaderno	notebook
el folleto	leaflet
el prospecto	brochure
el sobre	envelope

la novela	novel
el cuento	short story
el poema	poem (long)
la poesía	poem, poetry
la obra	work (of art)
la obra maestra	masterpiece
el cuadro	picture, painting
la pintura	painting
el pincel	brush
la prensa	the Press
el periódico } el diario }	newspaper
el reportaje	newspaper report
la revista	magazine
los anuncios	advertisements
las noticias	news

la radio	radio
la televisión	television
el televisor	television (set)
la emisión } el programa }	programme, broadcast
poner	to switch on
apagar	to switch off
el canal	channel
la película	film
el cine	cinema
la pieza	play
el teatro	theatre
el papel	role, part
los personajes	characters
el actor/la actriz	actor/actress
el escenario	stage
la escena	scene
el argumento	plot

el ensayo	rehearsal
el museo	museum
la exposición	exhibition
la estatua	statue
la música	music
tocar	to play
el instrumento	instrument
el concierto	concert
bailar	to dance
el baile	dance, dancing
cantar	to sing
la canción	song

pensar (ie)	to think
los pensamientos	thoughts
las emociones	emotions
entender (ie) \ comprender /	to understand
la mente	mind
el alma *(f)*	soul
el espíritu	spirit
pensar en	to think of (ponder)
pensar de	to think of (opinion)
triste	sad
feliz	happy
alegre	happy, joyful, merry
abatido	depressed
inquieto	worried, anxious

desdichado	unfortunate, miserable
desilusionado	disappointed
orgulloso	proud
el amor	love
el placer	pleasure
la esperanza	hope
la bondad	goodness, kindness
la ira \ la cólera /	anger
la sospecha	suspicion
la pena	trouble, pain
la voluntad	will
la duda	doubt
la tristeza	sadness
la felicidad	happiness
la alegría	cheerfulness, mirth, joy
la gracia	humour, wit

la confianza	confidence, trust
la rabia	fury
el desconsuelo	disappointment, regret
el cariño	love, affection
el asombro	astonishment, surprise
la vergüenza	shame, embarrassment
el miedo	fear
la sorpresa	surprise
la riña	quarrel, dispute
la queja	complaint
el genio	disposition
la capacidad	capacity
el orgullo	pride

el deseo	desire
alegrarse	to be glad
quejarse	to complain
decir la verdad	to tell the truth
mentir (ie/i)	to lie
sorprender	to surprise
asustar	to frighten
estar de acuerdo	to agree
acordar (ue) con . . .	to agree with . . .
acordarse (ue) de	to remember
tener razón	to be right
equivocarse	to be wrong
sentirse (ie/i)	to feel
esperar	to hope
agradecer (zc)	to thank
vacilar	to hesitate
desear	to want
querer (ie)	to wish, to love
tener ganas de	to want to

dudar	to doubt
suspirar	to sigh
burlarse de	to make fun of
extrañar	to surprise
gustar a	to be pleasing to (to like)
olvidar	to forget
molestar	to annoy
reñir(i)	to quarrel
detestar / odiar	to hate
temer	to fear
estar de buen humor	to be in a good mood
enfadarse	to get/be angry
inquietarse / preocuparse	to get/be worried

aburrir	to bore
aburrido	boring (thing)
pesado	boring (person)
loco	mad
simpático	nice, likeable
seguro	sure
divertido	amusing
parecer	to seem, look
reir (i)	to laugh
sonreir (i)	to smile
llorar	to cry (weep)
gritar	to shout
susurrar	to whisper

estar bien	to be well
estar enfermo	to be ill
regular	not bad, OK
creer	to believe
la risa	laugh
la sonrisa	smile
la lágrima	tear
lo siento	I'm sorry
¡Qué lastima!	What a pity!
recuerdos	regards
abrazos	love (hugs)
besos	kisses
¿Qué le parece . . .?	What do you think of . . .?
¡Qué raro!	How strange!
¡Qué hermoso! **¡Qué precioso!**	How beautiful!

bueno	good
malo	bad
feliz ⎫ **contento** ⎭	happy
triste	sad
inteligente	intelligent
tonto	silly
listo	clever, ready
estúpido	stupid
holgazán ⎫ **perezoso** ⎭	lazy
trabajador	hard-working
aplicado	studious
cortés	polite
grosero	rude

modesto	modest
jactancioso	boastful
humilde	humble
orgulloso	proud
altivo	haughty
tímido	shy
confiado	over-confident
gordo ⎫ **grueso** ⎭	fat
delgado	thin, slim
flaco	thin, weak
rico	rich
pobre	poor
joven	young
viejo ⎫ **anciano** ⎭	old
antiguo	old, former

avergonzado	embarrassed
agradecido	grateful
grande	big, great
pequeño	small
largo	long
corto	short
fácil	easy
difícil	difficult
cuidadoso	careful
descuidado	careless

fuerte	strong
débil	weak
útil	useful
inútil	useless
ligero	light
pesado	heavy
alto	high
bajo	low
ancho	wide
estrecho	narrow
duro	hard
suave	smooth, soft
blando	mild, soft

dulce	sweet
amargo	bitter
caro	dear
económico / **barato**	cheap
caliente/caluroso	warm/hot
frío	cold
lejano/lejos	far/distant
cercano/cerca	near/nearby

juntos	together
rápido	quick
lento	slow
libre	free
ocupado	taken

mejor	better
peor	worse
hermoso } **guapo**	beautiful
bonito } **lindo**	pretty
feo	ugly
rubio	fair (hair)
moreno	dark (hair)
pálido	pale
lleno	full
vacio	empty
sucio	dirty
limpio	clean
derecho	right
izquierdo	left
oscuro	dark
claro	clear, light

agitado	disturbed, excited, agitated
tranquilo	calm, quiet, tranquil
fino	thin, fine
espeso	thick
sencillo	simple, single (ticket)
complejo	complex
complicado	complicated
nuevo	new

llano	flat, level
peligroso	dangerous
raro ⎫ **extraño** ⎭	strange
seguro	sure, safe

enamorado	in love
querido	dear (loved)
preferido	favourite
igual	equal, the same
distinto	different
enfadado	angry
encantador	charming
cansado	tired
entretenido ⎫ **divertido** ⎭	amusing
recogido	in good order, neat and tidy
grato	pleasing
interesante	interesting
pesado	tiresome, heavy
práctico	convenient
callado	silent
ruidoso	noisy
común	usual
poco común	unusual

propio	own
mi propia casa	my own house
mismo	same
la misma mujer	the same woman
semejante ⎫ **parecido** ⎭	like, similar
libre	free, open (air)

fresco	fresh
agradable	pleasant, nice
profundo	deep
sabroso	delicious
loco	mad
inocente	innocent
culpable	guilty

blanco/negro	white/black
rojo/verde	red/green
amarillo/azul	yellow/blue
gris/marrón	grey/brown
pardo	grey-brown

enfermo	ill
sano/bien	healthy/well
salvo	safe
abierto	open
cerrado	closed
algunos	some
varios	several
medio/a, e.g. media botella	half, e.g. half a bottle
borracho	drunk

y	and
e	and (before 'i' or 'hi')
o	or
u	or (before 'o' or 'ho')
si	if
en	in, on
sobre	on
entre	between
para	for, in order to
por	for, by, along, through
cada	each, every

contra	against
encima (de)	above
debajo (de)	below
delante (de)	in front of
detrás (de)	behind
dentro de adentro	inside
fuera de afuera	outside
enfrente (de)	opposite
hacia	towards
cerca (de)	near
lejos (de)	far (from)
arriba	up above, upstairs
abajo	down below, downstairs
junto a	next to

ya	now, already
pues	since, well, . . .
como	as, like
cuando	when

con	with
sin	without
más	more
menos	less
menos, salvo excepto	except
aun	even
aún todavía	still
aunque	although

pero	but
sino	but (contradicting negative)
tampoco	neither
también	also
porque	because
antes de	before
después de	after
después	afterwards, then
luego entonces	then
ahora	now
siempre	always
tal vez quizá (quizas) acaso	perhaps

hasta	until, as far as
según	according to
casi	almost
tan	so (with adjective)
un poco	a little
mucho	a lot, much

muy	very
bastante	quite, enough
demasiado	too much
de	of, from
a	to
desde	from

en cuanto	as soon as
mientras	while
entretanto / **mientras tanto**	meanwhile
sólo / **solamente**	only
así	thus, so
por eso / **por esto**	therefore, so
durante	during
hace (+ *time*)	ago
adelante / **más allá**	forwards
atrás	back(wards)

aquí	here
allí / **ahí**	there
despacio	slowly
rápidamente / **de prisa**	quickly
pronto	quickly, soon
inmediatamente	immediately
en seguida	at once
apenas	scarcely, hardly
temprano	early
tarde	late

tanto	so much, many
mucho	much, many
algo	something, somewhat
nada	nothing
nadie	no one
nunca ⎫ **jamás** ⎭	never
¿Cuánto-a-s?	How many?
¿Cómo?	How?
¿Por qué?	Why?
¿Dónde?	Where?
¿Adónde?	(to) Where?
¿De dónde?	(from) Where?
¿Cuándo?	When?
¿Quién?	Who?

todos los } todas las }	every
todos los días	every day
en/por todas partes	everywhere
de todos modos	anyway
todo el mundo	everyone
en todo caso	in any case
una vez	once
dos veces	twice
en vez de	instead of
una vez más	once more
otra vez	again
muchas veces } a menudo }	often

todavía no	not yet
ya no	no longer
tan . . . como . . .	as . . . as . . .
a pesar de	in spite of
al cabo de	at the end of, after
a menos que } si no }	unless
de pronto } de golpe } de repente } súbitamente }	suddenly
al principio	at first
por fin	in the end
al fin } finalmente }	finally

por última vez	for the last time
rara vez	seldom
de vez en cuando	from time to time

a veces	at times
varias veces	several times
de buena gana	willingly
de mala gana	reluctantly
cuanto antés lo mas pronto posible	as soon as possible
hasta ahora	until now
en adelante	from now on, in future
verdaderamente	really
en realidad	truly, really

la mayoría de la mayor parte de	most
por la mayor parte	mostly
al mismo tiempo	at the same time
aquí mismo	right here
ahora mismo	right now
poco después	soon afterwards
por casualidad	by chance
por ejemplo	for example
por eso por consiguiente	therefore
por desgracia	unfortunately
en primer lugar	first of all, in the first place

lo que	that which, what
lo que dice	what he says
lo mejor es	the best thing is
lo importante es	the important thing is
lo raro es	the strange thing is
lo mismo que	the same as
no . . . en absoluto	not . . . at all

en ninguna parte	nowhere
a causa de	because of
como de costumbre	as usual
a propósito	by the way
a propósito de	speaking of, with regard to

faltar	to be lacking
faltan diez minutos	there are still ten minutes to go
me falta dinero	I need money
hacer falta	to be necessary, needed
me hace falta	I need
sin falta	without fail
tener hambre	to be hungry
tener sed	to be thirsty
tener razón	to be right
tener éxito	to be a success
tener calor/frío	to be hot/cold
tener que	to have to
tener ganas de	to want to

lograr	to succeed
no lograr	to fail
salir bien (en)	to succeed (in)
salir mal (en)	to fail (to)
salir bien en un examen	to pass an exam
estar de pie	to be standing
estar sentado	to be sitting
estar bien/mal	to be well/ill
estar para	to be about to
estar a punto de	to be on the point of

estar harto de	to be fed up with
estar de vuelta	to be back

estar de pie	to be standing
estar sentado	to be sitting
ir a pie	to walk
irse	to go away
ir de compras	to go shopping
dar vuelta	to turn
dar la bienvenida a	to welcome
darse cuenta de (que)	to realize
dar un paseo ⎫ dar una vuelta ⎭	to take a walk
darse prisa	to hurry
dar gracias a	to thank
dejar	to let, allow
dejar ⎫ salir de ⎭	to leave
partir	to depart, leave
dejar de	to stop

poner en marcha	to start (motor)
ponerse	to put on (clothes)
poner	to put on (TV etc.)
ponerse ⎫ hacerse ⎭	to become
ponerse de pie	to stand up
ponerse en camino	to set out
acabar	to finish
acabar de	to have just
fijarse en	to notice
aprovecharse de	to take advantage of, to benefit from
sacar	to take out

sacar un billete	to buy a ticket
sacar fotos	to take photos
fingirse	to pretend

soler (ue)	to be used to
suele leer	he usually reads
solía beber	he used to drink
seguir (ir) +(*Pres. part.*)	to go on . . . to continue . . . ing
sigue trabajando	he is still working
volver (ue) a *(+ Infin.)*	to . . . again
ir a *(+ Infin.)*	to be going to . . .
antes de *(+ Infin.)*	before . . . ing
después de *(+ Infin.)*	after . . . ing
tratar de *(+ Infin.)*	to try to . . .
sin *(+ Infin.)*	without . . . ing
sin hablar	without speaking
comenzar (ie) a *(+ Infin.)* **empezar (ie) a** *(+ Infin.)*	to begin to . . .
al *(+ Infin.)*	on . . . ing
al salir de	on leaving
llevar	to have spent time
llevo trece años trabajando aquí	I've spent thirteen years working here, I've worked here for thirteen years
hacer preguntas	to ask questions
hacer caso de	to pay attention to
mucho que hacer	a lot to do
se trata de	it's a question of, it's about
hay que	it's necessary to, one must
en cuanto a	as for, with regard to

buenos días	hello, good morning
buenas tardes	good afternoon, evening
buenas noches	goodnight
mucho gusto **encantado**	pleased to meet you
¡hola!	hello (informal)
¿Qué tal?	How are you? How's it going?
¿Qué hay?	How are things? How are you?
¿Qué hay de nuevo?	What's new?
¿Cómo estás?	How are you? (informal)
¿Cómo está usted?	How are you? (formal)
¿Qué pasa?	What's happening? what's up?
muy bien, gracias	very well, thanks
regular	OK, not too bad
¡Hasta luego! **¡Hasta la vista!**	See you!
¡Hasta mañana!	See you tomorrow!
¡Hasta pronto!	See you soon!
¡Adiós!	Goodbye

¿Qué hora es?	What time is it?
Son las tres	It's three o'clock
Es la una	It's one o'clock
¿Qué es la fecha? ⎫	What's the date?
¿A cuántos estamos? ⎭	
¿Cuántos años tiene usted?	How old are you?
Tengo . . . años	I am . . .
¿Vale?	All right? OK?
¡Vale!	OK
¡Claro!	Of course!
¡Qué lástima!	What a pity
Qué (+ *adj.*)	How . . .
¡Qué raro!	How strange!
no vale la pena	it's not worth the trouble
¡Basta!	Enough!

Tenga la bondad de . . .	Could you please . . .
¿Quisiera . . .? ⎫	Would you like to . . .?
¿Querría . . .? ⎭	
¿Le gustaría . . .?	Would you like . . .?
¿Le gusta . . .?	Do you like . . .?
¿Le gusta el vino?	Do you like wine?
¿Le gust*an* las gambas?	Do you like prawns?
Sí, me gustan	Yes, I like them
deme (un/una) . . . ⎫	Could I have (a) . . .
póngame . . . ⎭	
en seguida ⎫	right away
ahora mismo ⎭	
¡no faltaba más!	that's it (last straw)!
me duele la cabeza	I've got a headache
me duel*en* los ojos	my eyes hurt

89

¿Dónde está . . .?	Where is . . .?
¿Dónde están . . .?	Where are . . .?
¿Está lejos?	Is it far?
¿Tiene . . .?	Do you have . . .? Have you got (any) . . .?
¿Cuánto cuesta? ¿Cuánto es?	How much is it?
tenga	here/there you are
tenga la vuelta	here's your change
a ver	let's see
¡Perdón!	Excuse me!
¡Pase (usted)!	Come in!
¿Algo más?	Is that all? Will that be all?
¿En qué puedo servirle?	Can I help you?

¡Siéntese!	Sit down!
¿Qué le pasa?	What's the matter with you?
me encuentro	I'm/I feel
creo qué me parece qué	I think
¡Oiga!	Excuse me (beckoning)
¡Diga!	Yes (reply to above)
¡Dígame!	Hello! (on phone)
me toca a mí	it's my turn
gracias	thank you
de nada no hay de que	that's OK, don't mention it
¿Qué desea? ¿Qué querría?	What would you like?

¡Cuidado!	Look out! Attention!
¡Escuche!	Listen!
¡Ánimo!	Cheer up!
de acuerdo	yes, of course
es igual	it's all the same
¿Se puede . . .?	Is it all right to . . .? May one . . .?
¿Cómo se llama usted?	What's your name?
me llamo Pedro	my name's Pedro
¿Eres tú?	Is that you?
pone	it says
aquí pone	it says here

lleno/llénelo	fill it up (petrol)
por favor	please
¿Cuánto tiempo tarda en . . .?	How long does it take to . . .?
¿Nos puede traer . . .?	Could you bring us . . .?
es verdad	it's true
será	it's probably
no funciona	it's not working
no funciona el teléfono	the telephone's not working
vuelvo en seguida	I'll be right back
¿Hay un . . . por aquí?	Is there a . . . near here?

ser	to be (permanent, inherent)
estar	to be (temporary, situational)
vivir	to live
comer	to eat
beber	to drink
desayunar	to have breakfast
almorzar (ue)	to have lunch
cenar	to have dinner
necesitar	to need
querer (ie)	to wish, want, to love
pasar, suceder ⎫ **ocurrir** ⎭	to happen
nacer (zc)	to be born
morir (ue/u)	to die

hablar	to speak, talk
decir (i)	to say, tell
preguntar	to ask
pedir (i)	to ask for, request
contestar ⎫ **responder** ⎭	to reply
añadir	to add
aconsejar	to advise
avisar	to inform, notify
reir (i)	to laugh
sonreir (i)	to smile
gritar	to shout
chillar	to scream
explicar	to explain
charlar	to chat
llamar	to call

cantar	to sing
silbar	to whistle
susurrar	to whisper
suspirar	to sigh
respirar	to breathe
besar	to kiss
fingirse	to pretend
asustar	to frighten
amenazar	to threaten
extrañar } **sorprender**	to surprise
callarse	to be quiet, silent
alcanzar	to reach, suffice
trepar	to climb
valer	to be worth
creer	to believe, think
averiguar	to ascertain, discover, investigate
aprovecharse de	to take advantage of

ver	to see
mirar	to look at
llorar	to cry
oír	to hear
escuchar	to listen
parecer (zc)	to seem, appear
buscar	to look for
pensar (ie)	to think
entender (ie)	to understand
sentirse (ie/i)	to feel
leer	to read
escribir	to write
enseñar	to teach
aprender	to learn
olvidar	to forget
acordarse (ue) de } **recordar (ue)**	to remember

hacer	to do
poder (ue)	to be able
tomar	to take
tirar	to pull
empujar	to push
traer	to bring
poner (se)	to put (on)
levantar	to lift, raise
trabajar	to work
llevar	to wear, carry
coger	to catch, grab, take
golpear	to strike, hit
romper	to break
abrir	to open
cerrar (i/e)	to close
tener (ie)	to have, hold
saber	to know (facts)
conocer (zc)	to know (acquaintance)

dar	to give
prestar	to lend
cambiar	to change
colocar	to place, put
meter	to put (in)
sacar	to take out
hallar	to find
perder (ie)	to lose
comenzar (ie) ⎫ **empezar (ie)** ⎭	to begin
acabar	to finish
acabar de	to have just
terminar	to finish
ganar	to win, earn
jugar (ue)	to play

divertirse (ie/i)	to enjoy oneself
ir (se)	to go (away)
venir (ie/i)	to come
andar	to walk
acercarse a	to approach
correr	to run
volver (ue) **regresar**	to return
pasearse	to go for a walk
saltar	to jump
atravesar (ie) **cruzar**	to cross
entrar (en)	to enter
salir (de)	to leave
subir **subir a**	to go up, get into
bajar **bajar de**	to go down, to get out of

seguir (i)	to follow
aguardar	to wait (for)
esperar	to hope, to wait (for)
lanzar **echar**	to throw
enviar **mandar**	to send
encender (ie)	to light, switch on
apagar	to extinguish, switch off
gastar	to spend
robar	to steal, rob
proporcionar **conseguir (i)**	to obtain, get
matar	to kill
dormir (ue/u)	to sleep

95

soñar (ue)	to dream
sonar (ue)	to ring

levantarse	to get up
lavarse	to wash
acostarse (ue)	to go to bed
sentarse (ie)	to sit down
despertarse (ie)	to wake up
bostezar	to yawn
caerse	to fall down
asomarse (a)	to lean (out of)
pararse **detenerse (ie)**	to stop
apresurarse	to rush, hurry
apoyarse	to lean on
arrastrar	to creep, crawl
agarrar	to grasp, seize
desarrollar	to develop, unfold
revelar	to develop (film)